L'extraordinaire voyage d'Ulysse

Hélène Kérillis a plongé dans la mythologie grecque dès l'enfance et ne cesse de la revisiter. Elle aime aussi les voyages et les Beaux-Arts, qui donnent de si belles couleurs à la vie.

Cet ouvrage a été précédemment publié dans la collection «Ratus poche» sous la direction de Jeanine et Jean Guion.
Responsable éditoriale :
Anne-Sophie Dreyfus, Caroline Terral
Direction artistique, création graphique et réalisation : Cédric Ramadier

ISBN : 978-2-401-03878-3
ISSN : 2100-2843
Achevé d'imprimer en France par Pollina à Luçon - 93200
Dépôt légal : 03878-3/01 - Mars 2020

Loi n° 49956 du 16 juillet 1949 sur les publications destinées à la jeunesse.

MYTHOLOGIE & HISTOIRES DE TOUJOURS

L'extraordinaire voyage d'Ulysse

Une série de Hélène Kérillis,
illustrée par Erwan Fages

Hatier jeunesse

Les personnages de l'histoire

Ulysse est le héros de la célèbre légende l'*Odyssée*.
Elle a été racontée il y a très longtemps par Homère,
qui aurait vécu en Grèce au VIIIe siècle avant Jésus-Christ.

1

Debout sur la plus haute falaise d'Ithaque, la sage Pénélope surveillait l'horizon. Le jour se levait à peine. Dix ans d'attente. Dix ans à compter les jours depuis le départ d'Ulysse, son mari. Pénélope l'avait vu s'embarquer avec ses compagnons pour rejoindre l'armée des Grecs qui partait en guerre contre Troie. Depuis, plus de nouvelles.

Un oiseau aux longues ailes passa dans le ciel. Immobile sur la falaise, Pénélope ne pouvait détacher ses yeux de l'horizon. Le vent tordait en plis sa tunique blanche, enroulant sans fin les vagues de la mer autour d'Ithaque.

Soudain, un appel retentit derrière Pénélope.

– Maman! Maman!

Son fils Télémaque échappa aux servantes et rejoignit en courant le bord de la falaise.

– Est-ce que tu le vois? Est-ce qu'il arrive? s'écria-t-il plein d'espoir.

En silence, Pénélope secoua la tête. Elle posa la main sur l'épaule de son fils. Ensemble, ils regardèrent vers le large.

– Pas une barque, pas un navire en vue sur le dos rond de la mer, murmura Pénélope.

Quand Ulysse était parti, Télémaque était un nouveau-né. Maintenant qu'il allait sur ses dix ans, comme il aurait eu besoin d'un père !

– Dis, maman, reprit l'enfant, quand reviendra-t-il ?

– Quand la guerre sera finie.

– Ce sera encore long ?

Télémaque ne connaissait son père qu'à travers les phrases échappées aux habitants d'Ithaque : Ulysse, à la voix puissante, aux muscles bien entraînés... Ulysse, capable de mille ruses... Ulysse au grand cœur... ajoutait Pénélope. Ulysse, ce héros... pensait Télémaque.

– Ce sera encore long ? répéta-t-il.

– Aussi long qu'il plaira aux dieux immortels, soupira Pénélope.

Le soleil montait au-dessus de l'horizon. La mère et l'enfant reprirent lentement le chemin du palais. Il fallait donner de l'ouvrage aux servantes, surveiller bergers et troupeaux, vignerons et laboureurs, avoir l'œil à tout. Et toujours seule. Comme ce serait plus facile si Ulysse était de retour !

La sage Pénélope attendait son époux, le jeune

Télémaque attendait son père, toute l'île d'Ithaque attendait son roi.

De l'autre côté de la mer, le soleil se levait. Ulysse ouvrit un œil. Pourquoi ce sable contre sa joue ? Pourquoi n'était-il pas couché sous sa tente bien close ? Il roula sur le dos et aspira une bouffée d'air. Au parfum iodé de la mer se mêlait une odeur de brûlé. Se soulevant sur un coude, Ulysse aperçut derrière lui les ruines de Troie qui jetaient sur les nuages un reflet rouge. Alors il se souvint : la nuit précédente, les Grecs avaient pris la cité, ils l'avaient pillée et incendiée. Après dix ans de guerre, ils avaient enfin remporté la victoire.

Ulysse se leva, fit tomber le sable de ses cheveux et ramassa son épée et son casque à la crinière flottante. Il rejoignit les autres chefs grecs au bord d'une rivière. Il y avait Agamemnon, roi de Mycènes, et Ménélas, roi de Sparte, entourés de leurs guerriers. Dans l'eau douce, chacun lavait son corps et sa tunique éclaboussés de sang. On racontait les exploits de la nuit. On était fier de la victoire. Et surtout, on était heureux à l'idée de rentrer au pays après une si longue absence.

Le prêtre qui accompagnait l'armée s'avança :

Que voit Ulysse derrière lui ?

– Les dieux immortels ont donné aux Grecs la victoire ailée. Il est juste de leur offrir le sacrifice d'un bœuf aux cornes recourbées.

Tandis qu'on préparait l'animal, Ulysse regardait vers la haute mer. Avec force il sentait le désir de revoir sa patrie et sa femme.

– Ithaque! murmura-t-il pour lui-même, mon île ancrée comme un navire de pierre sur la mer violette! Pénélope! Mon épouse debout sur la plus haute falaise, notre fils nouveau-né dans les bras!

Le prêtre acheva le sacrifice :

– Zeus, roi des dieux, et toi, Athéna, déesse au regard étincelant, ne nous abandonnez pas après la victoire! Protégez nos navires sur le chemin du retour!

Un vent favorable à la navigation se leva. Les compagnons d'Ulysse avaient déjà monté à bord le butin : or, argent, esclaves, et, assis à leurs bancs, ils agitaient les rames dans leurs tolets*, impatients de partir. Au signal d'Ulysse, les navires filèrent sur la mer et s'éloignèrent de Troie. Mais très vite, les choses prirent mauvaise tournure : les vents déroutèrent les bateaux, les tempêtes se succédèrent, les vivres manquèrent.

Sur le pont de son navire, Ulysse, que l'inquiétude empêchait de dormir, regardait le ciel. Il faisait nuit noire. Ni lune, ni étoiles. Eurylokos, le pilote, avançait à l'aveuglette, l'obscurité isolant les bateaux les uns des autres. Seul les reliait le bruit régulier des rames frappant la mer. Au petit matin, un épais brouillard se leva. La vigie* restait aux aguets*. Et soudain, dans un déchirement de la brume, on vit quelque chose d'incroyable : une montagne se dressait en face des navires, et cette montagne bougeait !

Le brouillard se referma, effaçant la vision. Les matelots, pétrifiés, tenaient leurs rames hors de l'eau.

– Quel est ce prodige* ? Est-ce un dieu ?

– Un monstre ? Une hallucination ?

Soudain, la vigie poussa un cri. Trop tard ! Le navire d'Ulysse touchait déjà le fond. Toute la flotte s'échoua sur une plage en pente douce. Seul un bras de mer la séparait de la montagne entrevue quelques instants auparavant. On débarqua et on amena les voiles. Le brouillard se levait lentement, découvrant de grands peupliers autour d'une source et un peu plus loin, une forêt où des chèvres sauvages gambadaient avec leurs petits. Les compagnons d'Ulysse saisirent leurs arcs et s'élancèrent à la poursuite des chevreaux. Proies faciles, qui finirent à la broche.

Tandis que les chairs rôtissaient, on surveillait l'autre rive. Au-delà du bras de mer, on devinait la masse bleutée de la montagne entrevue au petit matin. Soudain, on vit quelque chose d'énorme se mettre en mouvement tandis que retentissaient des grondements.

Les matelots se réfugièrent sous les peupliers. Seul Ulysse resta près du rivage, caché derrière la coque d'un navire. Il vit une masse rocheuse se détacher de la montagne et dresser une sorte de tête, couverte d'une chevelure de broussailles. La silhouette bleue s'étira, révélant des bras et des jambes humaines, mais d'une taille si extraordinaire qu'Ulysse en eut le souffle coupé : un géant!

2

La peur paralysait Ulysse. Mais la curiosité fut plus forte.

– Vous autres, dit Ulysse à ses compagnons, restez ici pour le moment. Moi, le désir de savoir me pousse en avant. Avec un seul navire et quelques hommes, je tâcherai de savoir qui est cet être, s'il est sauvage ou bien s'il respecte les dieux comme font les humains.

Eurylokos prit le commandement des compagnons qui restaient sur l'île aux peupliers tandis qu'Ulysse traversait le bras de mer. Il contourna la montagne et disparut. Sur l'ordre d'Eurylokos, on reconstitua la provision de vivres. Le soir, aucun signe d'Ulysse. La journée qui suivit parut interminable. Que se passait-il donc sur l'île au géant?

– Si demain nous n'avons pas de nouvelles, décida Eurylokos, je traverserai le bras de mer.

La nuit suivante, un terrible hurlement déchira le silence. Un cri à glacer le sang. Eurylokos se réveilla en sursaut. Sur l'autre rive, le hurlement de bête reprit, résonnant dans la montagne. Puis il y eut de l'agitation, des piétinements, des exclamations. Des torches trouèrent l'obscurité. Les hurlements ne cessaient pas, mais les torches finirent par se disperser et s'éteignirent. Ce fut de nouveau le silence.

Au petit matin, on entendit un fracas épouvantable. La montagne venait de s'écrouler dans la mer. Aussitôt une énorme vague se forma, menaçant le rivage. Eurylokos fit éloigner les bateaux. Il se demandait si Ulysse avait disparu à jamais.

– Hardi, nous voici de retour! s'écria soudain une voix venue de la mer.

Ulysse et ses compagnons débarquèrent, trempés comme après le passage d'un cyclone. Eurylokos les accueillit avec soulagement, impatient d'entendre le récit de l'expédition. Ulysse s'installa devant un bon feu et commença ainsi :

– Quand nous sommes partis, il y a deux jours, je ne pensais pas rencontrer un adversaire aussi terrible. Écoutez plutôt. Nous accostons au pied de la montagne. J'emmène douze hommes avec moi, laissant le bateau à la garde des autres et j'emporte une outre* de vin pur, car même un être sauvage se laisse amollir par cette boisson. Au fur et à mesure que nous avançons, le paysage change : les bouquets d'arbres se font plus rares, le sol prend une teinte blanchâtre. Soudain, nous apercevons un troupeau de brebis, derrière un haut mur de pierres dressées. Au fond de cet enclos, à demi dissimulée par un rideau de lauriers, s'ouvre l'entrée d'une caverne.

– Venez ! dis-je à mes hommes après m'être glissé jusqu'à l'ouverture. Il n'y a personne !

Nous entrons, le cœur battant. À l'intérieur flotte une odeur âcre de fumier et de lait caillé. Nos yeux s'habituent à l'obscurité et nous apercevons, empilés sur des étagères, des corbeilles tressées, des pots remplis de lait et des rangées de fromages, aussi gros que des roues de charrettes. C'est rassurant : la créature a les mêmes occupations que les humains.

– Servons-nous et regagnons le navire ! s'exclament les matelots.

Mais je veux voir de mes propres yeux l'habitant de la caverne. On ranime le feu qui couve et on goûte aux fromages. Soudain, des coups réguliers font trembler le sol. Sur les étagères, les pots de lait s'entrechoquent.

– Il… Il arrive ! souffle un matelot.

Dès que l'ombre gigantesque obscurcit l'entrée, nous nous réfugions tout au fond de la caverne. À contre-jour, je vois le géant se pencher pour jeter par terre une brassée de bois sec, dont le bruit se répercute sous la voûte. La silhouette difforme* va et vient à pas lourds, le dos voûté, grognant, soufflant, poussant à l'intérieur son bélier, ses brebis et leurs agneaux. J'aperçois aussi sa chevelure hirsute*, mêlée de mousse et de brindilles, ses oreilles immenses, ses bras velus, ses grosses mains noires, sa peau tachée de brun. Soudain, le géant redresse la tête. Je recule, l'épouvante me fait fléchir les genoux. Dans l'horrible visage, sous un buisson de sourcil, s'ouvre un œil immense, un œil unique!

– Un Cyclope! me dis-je.

Et je me souviens des légendes anciennes : géants sauvages, sans foi ni lois, ogres nourris de chair humaine, tels sont les Cyclopes. Il faut fuir quand il en est encore temps. Je fais signe à mes compagnons. Nous allons nous glisser vers l'ouverture quand le monstre soulève un bloc de pierre que vingt chevaux attelés ensemble ne pourraient traîner, et ferme l'entrée. Nous voilà prisonniers!

Le Cyclope se met à traire les femelles de son troupeau, recueillant le lait dans des pots de terre, préparant ses fromages. Soudain un agneau s'égare dans le fond de la caverne, à côté de nous. Le monstre écarte les rochers comme s'il s'agissait de petits cailloux et découvre mes compagnons.

– Raorrrr... grogne-t-il, abaissant son sourcil sur son œil énorme. Qu'est-ce que c'est que cette vermine? Qui êtes-vous? D'où venez-vous?

Sa voix rauque se répercute sur les parois de la caverne, faisant sursauter d'épouvante notre cœur. Je m'avance :

– Nous sommes des Grecs. Nous avons vaincu Troie, la cité battue des vents. Mais sur le chemin du retour, les dieux nous ont égarés. Nous t'en supplions, ne nous fais pas de mal. Au nom de Zeus, accueille-nous selon les lois de l'hospitalité!

Le Cyclope éclate d'un rire assourdissant :

– Ha! Tu n'es qu'un imbécile, petit étranger! Les Cyclopes ne craignent pas Zeus! Si j'en ai envie, rien ne m'empêchera de vous tuer! Ha! Ha!

Je me demande comment le calmer, quand il se montre soudain d'une grande douceur :

– Mais dis-moi, petit homme, où as-tu amarré* ton bateau en arrivant ici? Allons, réponds, n'aie pas peur!

Si le Cyclope trouvait le bateau, ce serait un jouet dans ses grosses mains : en serrant les doigts, il le réduirait en miettes. Aussi, je prends l'air le plus malheureux possible et je réponds :

– Hélas! Poséidon, le dieu de la mer, a jeté notre navire sur les rochers! Seuls ces quelques compagnons et moi-même avons échappé à la mort et...

Je ne peux aller plus loin. Le Cyclope a brusquement saisi deux de mes hommes. Il les soulève haut dans les airs et les jette brutalement sur le sol, leur fracassant la tête sur les rochers. Puis avec des grognements de bête, il leur arrache bras et jambes et les dévore comme fait un lion au mufle dégouttant de sang. Le ventre plein, il roule dans le fumier et s'endort au milieu de ses bêtes.

Nous restons figés d'horreur, incapables de trouver véritablement le sommeil, tantôt assoupis quelques minutes, tantôt brutalement réveillés par des cauchemars. Si nous voulons avoir une chance de nous en tirer, il faut inventer une ruse. Comment tuer le monstre ? Comment déplacer le rocher qui ferme l'entrée ?

Le lendemain matin, le Cyclope dévore deux autres hommes pour déjeuner. Puis il sort, sifflant son troupeau, sans oublier de replacer le rocher en guise de porte. Dès que le bruit de ses pas s'est éloigné, j'appelle mes compagnons terrorisés :

– Regardez, le Cyclope a oublié sa massue ! Utilisons-la et tâchons de nous délivrer ! Puisse Athéna, la déesse au regard étincelant, m'accorder la vengeance !

Avec les huit hommes qui me restent, je coupe la massue à la longueur d'un épieu*, j'enlève l'écorce et je taille le bout en pointe. Quand l'arme est prête, nous la cachons dans le fumier.

Le soir, le Cyclope rentre des champs. Comme la veille, il s'occupe de ses brebis et fabrique ses fromages. Puis il veut préparer son dîner. Nous sommes enfoncés dans les coins les plus sombres, essayant de faire corps avec* la roche.

– Holà! On se cache? s'écrie le Cyclope. On ne veut pas se faire dévorer ce soir? Attendez un peu...

Il se met à quatre pattes et approche du sol son gros œil aux cils énormes. On dirait qu'il voit dans le noir. Les doigts monstrueux me frôlent et emportent encore deux de mes compagnons. Il les avale d'un coup.

Alors, surmontant peur et dégoût, je m'avance vers lui :

– Cyclope! Bois ce vin que transportait mon navire! C'est le présent d'hospitalité que je t'offre afin que tu me libères.

Le Cyclope saisit la coupe que je lui présente et la vide. Aussitôt, son visage change : le vin est si fort qu'il fait déjà de l'effet.

– Donne-m'en d'autre, petit homme! réclame

le géant d'une voix traînante. Et dis-moi ton nom. Tu n'auras pas affaire à un ingrat : je te ferai un présent d'hospitalité qui te réjouira!

– Sache que mon nom est Personne. C'est ainsi que m'ont appelé mes parents, dis-je en lui versant à boire.

Trois fois il boit le vin aux reflets de feu. Il se met à bégayer :

– Per... Personne! Je te... hic! mangerai le der... le dernier de tous! Ce... Ce sera... hic! mon présent d'hos... d'hospitalité!

À ces mots, il éclate d'un rire énorme qui secoue son gros ventre, et tombe en arrière, comme poussé par une main puissante. Il renverse sur lui fromages et corbeilles, manque d'écraser ses brebis et sombre dans un sommeil bruyant : il ronfle, il grogne, il rote.

– C'est le moment! dis-je à mes compagnons. Qu'Athéna nous vienne en aide et nous échapperons à la mort!

Mes hommes font chauffer au feu la pointe de l'épieu, et nous nous approchons du Cyclope endormi. Son corps, pareil à une montagne, est agité de soubresauts ; un seul geste de lui peut nous écraser. La peur va-t-elle priver mes hommes de leur courage?

Avec quelle arme Ulysse blesse-t-il le Cyclope ?

– Hardi ! Hardi !

La pointe brûlante touche la paupière et s'enfonce dans le globe de l'œil qui éclate. J'appuie de toutes mes forces, faisant tourner la pointe. Le sang gicle, la chair grésille. Comme un volcan, le Cyclope se soulève, me renversant avec mes hommes. La douleur lui arrache des hurlements profonds comme le tonnerre, qui secouent la caverne entière. Il retire l'épieu et le fait tournoyer dans l'air avant de l'envoyer se fracasser contre la paroi. Les brebis effarouchées courent en tous sens, écrasant leurs petits.

Nous nous sommes réfugiés dans un recoin, pour éviter les gestes désordonnés du Cyclope. Soudain le sol se met à trembler, comme si un troupeau de bœufs accourait. À l'extérieur, des voix s'élèvent :

– Eh bien Polyphème ! Que t'arrive-t-il ?

– Pourquoi pousses-tu de tels cris en pleine nuit ?

– Qui cherche à te tuer ?

La terreur me saisit : voilà que maintenant, toute une armée de Cyclopes est là, avec des torches à la main ! S'ils fouillent la caverne ou s'ils mettent le feu, nous n'avons plus aucune chance de leur échapper.

– Qui cherche à me tuer? hurle Polyphème. C'est Personne!

– Si personne ne te fait de mal, c'est une maladie que t'envoie Zeus!

– Supporte en silence et ne nous dérange plus! conclut un Cyclope en s'éloignant.

Polyphème, abandonné, redouble ses gémissements. Il passe le reste de la nuit à tâtonner dans la caverne sans réussir à nous attraper.

Au petit matin, il retire le rocher qui barre l'entrée. Ses brebis se précipitent vers la lumière. Mais le Cyclope s'assoit dans le passage, et tâtonnant de ses grosses mains, il commence à les faire sortir une par une. Il pense ainsi nous attraper au passage. Je souris en moi-même :

– S'il s'imagine que je suis bête à ce point!

Sans bruit, je saisis les animaux et les attache trois par trois. Sous la brebis du milieu un homme se dissimule, bien accroché à la toison. Quant à moi, j'empoigne le gros bélier et, blotti sous son ventre, je me laisse emmener vers la sortie. Tous mes compagnons sont déjà dehors. Mais quand arrive mon tour, le Cyclope arrête l'animal et lui demande :

– Beau bélier, pourquoi aujourd'hui sors-tu le dernier? D'habitude, tu ne restes pas en arrière! Qu'as-tu donc?

Tout en parlant, il tâte la toison gonflée comme un nuage.

– Est-ce la tristesse de voir ton maître ainsi blessé ?

Je me cramponne mais je crains que les forces ne me manquent, ou que le Cyclope ne passe la main sous le ventre de l'animal.

Enfin le géant laisse partir le bélier, me libérant du même coup. C'est une course éperdue vers le navire. On s'embarque. On tire sur les rames avec force. On s'éloigne de la côte. Alors, je ne peux m'empêcher de défier le Cyclope qui se traîne lamentablement sur le rivage.

– Tu n'es qu'un sauvage ! Les dieux t'ont puni pour tes crimes ! Sache que je suis Ulysse, roi d'Ithaque. Ulysse aux mille ruses ! Voilà quel est mon véritable nom !

Un hurlement de rage me répond. Le Cyclope rassemble ses forces et dans un effort gigantesque, il arrache le sommet de la montagne et le jette en direction du navire. Un remous agite la mer et manque de nous faire couler, tandis que le Cyclope nous crie :

– Sois maudit, Ulysse ! Que Poséidon mon père, le puissant maître de la mer, t'empêche de rentrer à Ithaque ! Et si jamais tu y parviens tout de même, que le malheur soit sur ta maison !

Ulysse arrêta brusquement son récit. Les menaces du Cyclope le frappaient de crainte et la mort horrible de ses six compagnons lui serrait le cœur.

– Ô Zeus, pria Ulysse, puisses-tu nous conduire sans naufrage jusque dans notre patrie ! Que je revoie ma chère épouse, la sage Pénélope, et Télémaque, le fils qui grandit loin de moi !

La flotte reprit la mer. On navigua des jours et des jours. Bientôt, la provision d'eau douce s'épuisa. Les vivres manquèrent. Les pilotes traçaient leur route sur l'immensité salée, observant les courants, interrogeant les étoiles. Une terre allait-elle apparaître enfin ? Ou bien Poséidon avait-il condamné Ulysse et ses compagnons à errer jusqu'à la mort ?

Soudain, à la lueur de la lune, on vit des remparts de métal se dresser sur la mer grise.

3

La flotte d'Ulysse fit trois fois le tour de l'enceinte* de fer qui formait une île, sans découvrir la moindre ouverture. Quelqu'un habitait-il cette forteresse de métal ? Quand le soleil se leva, des jeunes gens vêtus de tuniques blanches apparurent en haut des remparts et firent signe à la flotte d'Ulysse d'avancer face à la paroi. Les bateaux allaient s'y fracasser quand soudain, le métal se fendit en deux. Peu à peu l'ouverture s'élargit comme si deux immenses portes pivotaient lentement sur leurs gonds*. Au-delà il y avait une baie tranquille dans laquelle se jetait une rivière.

– De l'eau ! De l'eau ! cria l'équipage, assoiffé.

Le pilote hésitait à entrer. Les portes se rouvriraient-elles pour laisser les bateaux partir ? Mais la soif était plus forte que la peur. On accosta. Les jeunes gens descendirent des remparts et s'adressèrent à Ulysse :

– Le roi notre père désire te parler !

Peu après, la petite troupe emprunta un chemin rocailleux qui montait vers le sommet de l'île.

À l'entrée du palais, se dressait une très haute tour. Ulysse n'en avait jamais vu de pareille. Sur un socle de pierre, des colonnes étaient posées. Entre chacune d'elles étaient suspendus des tubes creux, faits de roseaux de différentes longueurs. Au-dessus s'élevait un assemblage étrange, à la fois ailes de moulin et voiles de navire, avec des girouettes mobiles en haut de chaque mât. Le moindre souffle de vent faisait tinter les tubes, gonflait les voiles, affolait les girouettes.

Plus surprenante encore était la couronne du roi qui les accueillit au pied de la tour : de minuscules hélices d'or ne cessaient de tourner sur sa tête.

– Bienvenue à toi, Ulysse aux mille ruses! s'écria-t-il.

– Es-tu un dieu ou un homme pour connaître mon nom avant même que je ne l'aie prononcé? s'étonna Ulysse.

Levant le bras, le roi désigna la tour :

– Je suis Éole, le dieu des Vents, celui qui commande à Borée, à Zéphyre, à Euros, à Notos et à tous les vents secondaires. Cette horloge à vents est la demeure où je les retiens quand bon me semble. Et lorsqu'ils voyagent, je sais toujours quelle direction ils ont prise et quelle est leur humeur.

«Quelle merveille! pensait Ulysse. Il suffirait de gagner l'amitié d'Éole et ce serait un jeu de retourner à Ithaque avec un vent favorable!»

Pendant un mois, Ulysse et ses compagnons se reposèrent auprès du dieu des Vents. Le soir, il ne se lassait pas d'écouter Ulysse lui raconter les épisodes de la guerre de Troie.

– Ce n'est pas tous les jours que se présente ici un héros tel que toi! soupirait-il.

Quand vint le moment de se quitter, Éole prit Ulysse à part :

– Tu as su me charmer par tes récits, aussi je veux faire quelque chose pour toi. Si tu désires rentrer au plus vite à Ithaque, tu dois attacher ceci dans la cale* de ton navire.

Et il lui donna une outre de cuir maintenue fermée par dix tours de câble d'argent et de multiples nœuds. Elle était gonflée à craquer et cependant aussi légère qu'un ballon.

– Surtout, ne l'ouvre pas avant ton arrivée, recommanda le dieu des Vents. Sinon...

– Sinon?

– Tu ne reverras pas Ithaque! affirma Éole.

– Pourquoi? Que contient l'outre? demanda Ulysse.

Qu'est-ce qu'Éole a donné à Ulysse ?

Éole leva les bras et gonfla ses joues. Sur sa couronne, les hélices vrombirent avec un bruit d'abeilles furieuses.

– Cyclones! Ouragans! Tornades! J'ai emprisonné dans cette outre tous les Vents mauvais. Seul Zéphyre est libre dans le ciel car lui te conduira en douceur jusqu'à ta patrie.

Ulysse s'embarqua. Il vogua neuf jours et neuf nuits sans quitter le gouvernail. Au dixième jour, Ithaque apparut. Les larmes coulèrent sur les joues d'Ulysse tellement il était ému.

– Te voici, Ithaque, île posée sur l'écrin de la mer! Que les dieux immortels soient remerciés car je vais enfin retrouver Pénélope et Télémaque!

Épuisé, Ulysse s'endormit, laissant à ses compagnons le soin de terminer le voyage. Mais plus la terre approchait, plus l'équipage s'agitait :

– Après toutes ces années de guerre, rentrer au pays avec quelques malheureuses pièces d'argent!

– Moi, je n'ai rien!

– Et l'outre d'Éole? Elle est sûrement pleine d'or! J'en veux ma part!

– Moi aussi!

Les matelots se bousculèrent pour descendre au fond de la cale. Ils arrachèrent l'outre, tranchèrent les nœuds d'argent. Aussitôt, les joues gonflées, échevelés, les Vents se ruèrent au dehors avec un hurlement qui réveilla Ulysse en sursaut.

– Ithaque ! cria-t-il en tendant les bras vers l'île.

Les Vents tourbillonnaient, affolés, se heurtant les uns les autres, cherchant la bonne direction. D'un coup, ils se décidèrent et filèrent vers la terre d'Éole, emportant les navires dans une tornade puis les abandonnant sur une mer inconnue.

Avoir été si proche de sa terre et en être à nouveau arraché ! Il s'en fallut de peu qu'Ulysse ne se jette à l'eau. Il se coucha au fond du navire : mourir de faim ou dans un naufrage, quelle importance ? La flotte erra sans but pendant des jours et des jours.

Enfin Athéna, la déesse aux yeux étincelants, eut pitié d'Ulysse. Une île apparut. On aborda. On reprit des forces. Ulysse interrogea ses pilotes :

– Sommes-nous loin d'Ithaque ?

– Si loin que nous ne savons plus le chemin... avouèrent-ils.

– Alors explorons cette terre avant de repartir sur la mer violette !

On partagea les hommes en deux équipes. Eurylokos prit la tête du groupe qui partait en reconnaissance tandis qu'Ulysse restait près des bateaux. Pas de fumée dans le ciel. Aucun bruit.

L'île paraissait déserte. Pourtant, les heures passaient et Eurylokos ne revenait pas. Que lui était-il arrivé ? Pourquoi n'envoyait-il pas un messager ?

Soudain, il surgit, hors d'haleine.

– Disparus... tous... chez elle... marmonna-t-il.

– Chez qui ? Comment ?

Eurylokos secoua la tête en signe d'ignorance et reprit :

– Nous avons marché... jusqu'au centre de l'île... Il y a un palais immense tout en terrasses... gardé par des loups des montagnes et des lions...

Eurylokos s'arrêta pour reprendre sa respiration.

– On entendait une voix de femme qui chantait, reprit-il. Sur la première terrasse, mes compagnons ont appelé. Moi je me méfiais. La femme est venue. Elle a fait un signe. Mes hommes sont entrés, entourés par les fauves et ils ne sont pas revenus.

– Et toi ? demanda Ulysse.

– Je m'étais caché derrière un pilier de la terrasse. J'ai attendu... attendu... Le chant a repris, et les bêtes sauvages sont revenues faire leur ronde. Elles avaient des yeux... des yeux...

Eurylokos se tut, frissonnant de peur. Ulysse avait déjà saisi son épée.

– Conduis-moi vite, nous les délivrerons! s'exclama-t-il.

– Non! Non! Je t'en prie! Fuyons pendant qu'il en est encore temps! supplia Eurylokos.

– Je n'abandonnerai pas mes compagnons! Et je veux savoir ce qui leur est arrivé.

Ulysse s'enfonça seul dans les terres, dans la direction indiquée par Eurylokos. Soudain, dans un rayon de soleil, une femme apparut, irréelle, avec un corps fait de lumière transparente. À son regard étincelant, Ulysse reconnut la déesse Athéna.

– Où vas-tu ainsi, imprudent Ulysse, sans connaître la maîtresse de ces lieux? lui demanda-t-elle.

– Qui est-ce?

– Circé! Circé la magicienne! Si tu veux échapper à ses sortilèges, mâche l'herbe magique que je te donne. Ensuite, fais ce que ton courage te commandera.

À ces mots, Athéna disparut.

Ulysse atteignit la première terrasse du palais de Circé. Aussitôt les fauves se levèrent sans bruit. Ils se glissèrent jusqu'à l'intrus*, le flairant, babines retroussées, battant ses mollets de leurs queues menaçantes, le guettant de leurs yeux phosphorescents* comme on guette une proie. Personne sur la terrasse. Ulysse appela et Circé apparut. C'était une jeune femme aux superbes cheveux noirs qui retombaient en boucles sur ses épaules. Ses grands yeux sombres fixaient le visiteur avec un regard impénétrable*. Devant elle, les fauves se couchaient, le regard soumis*, les oreilles aplaties. D'un geste, la magicienne invita Ulysse à entrer.

Dans une immense salle ouverte sur la mer, elle le fit asseoir. Prenant une coupe d'or, elle prépara un mélange de vin et d'épices diverses, comme pour désaltérer un invité.

« C'est la drogue qui a ensorcelé mes compagnons, se disait Ulysse. »

Circé tendit la coupe à Ulysse. Il la prit et but, défiant* la magicienne du regard. Un sourire cruel se dessina sur le visage de Circé tandis qu'une longue baguette d'or s'abattait sur l'épaule d'Ulysse.

– Va rejoindre tes compagnons à l'étable ! s'exclama la magicienne d'une voix terrible. Que ton nez se transforme en groin, que tes oreilles tombent sur tes yeux et que des soies te poussent sur tout le corps, afin que tu deviennes porc !

– Porc ! Voilà donc le sortilège ! s'écria Ulysse en lâchant la coupe.

En quoi Circé veut-elle transformer Ulysse ?

Saisissant son épée, il se jeta sur la magicienne. Circé ne bougea pas, pensant que l'épée tomberait d'elle-même des pattes d'Ulysse transformé en cochon. Mais rien ne se produisit. Ulysse avait empoigné la magicienne par les cheveux et lui tirait la tête en arrière, découvrant le cou, prêt à frapper. Circé tomba à genoux :

– Pitié ! Qui es-tu donc, pour n'avoir pas été ensorcelé ? Es-tu un homme ou un dieu ?

– Je suis Ulysse, et je viens délivrer mes compagnons !

– Ulysse aux mille ruses ! C'est donc toi ! Je sais qu'Athéna te protège. Je ne tenterai plus rien contre toi, ni contre tes hommes, je te le jure par les dieux immortels, promit Circé.

Ulysse relâcha son étreinte* et Circé le conduisit à la porcherie où grognaient douze porcs bien gras. Il comprit toute la cruauté du sortilège en croisant le regard désespéré de ses compagnons : leur esprit d'homme était prisonnier dans un corps d'animal. La magicienne s'approcha d'eux et les toucha de sa baguette. Ulysse vit leurs oreilles raccourcir, leurs sabots redevenir des doigts et leurs groins s'effacer.

Toutes ces épreuves avaient enlevé leur courage à Ulysse et à ses compagnons. Ithaque semblait perdue. Ils n'avaient plus la force de repartir. Circé se montra accueillante et les installa dans son palais aux terrasses ensoleillées. Pendant des mois, ils vécurent tranquillement. Ils avaient même fini par s'habituer aux loups et aux lions, que les drogues de Circé rendaient familiers comme des chiens.

Mais une nuit, Ulysse se réveilla en sursaut. Dans le palais plein d'ombres, il erra de terrasse en terrasse, écoutant les bruits de la nuit. La voix de la mer, au loin, répétait :

– Ithaque... Pénélope... Télémaque...

Le lendemain, Ulysse supplia Circé de le laisser repartir avec ses compagnons, sans rien tenter contre eux.

– Je te le promets par serment, dit-elle. Mais réfléchis bien avant de me quitter. Les dieux ont tracé pour toi un chemin terrible...

– Lequel ? demanda Ulysse.

– Tu dois aller consulter le devin Tirésias avant de rentrer à Ithaque, répondit Circé.

– Tirésias ? s'étonna Ulysse. Mais il est mort !

Circé se contenta de hocher la tête. De ses grands yeux sombres, elle fixait Ulysse. Alors un frisson glacé le secoua tout entier. Il avait compris. Sa prochaine étape, ce serait...

– Le Pays des Morts ! souffla Circé.

4

Depuis des semaines, la flotte d'Ulysse remontait vers le nord. Derrière elle, très loin derrière, on devinait encore une bande luisante, dernier signe de l'existence du soleil. Devant, c'était à perte de vue un ciel bas, chargé de nuages, qui se confondait avec une mer sans couleur : un peu d'écume pâle tranchait çà et là sur l'immensité grise.

– Sommes-nous encore loin? demandait l'équipage, terrifié à l'idée d'avancer plus au nord.

– Les dieux sont nos guides, laissons les bateaux naviguer selon leur désir! répondait Ulysse.

Peu après, une côte apparut. Les navires suivirent le rivage pendant quelques jours, sans voir la moindre trace d'habitation. Il soufflait un vent glacial. Les nuages se traînaient à ras de terre, laissant entrevoir un paysage désolé où surgissaient par endroits des rochers sombres ou des buissons rabougris.

Soudain, le vent faiblit et changea de direction. Les navires furent poussés vers la côte. Dans le brouillard glacé, Ulysse aperçut des arbres fantomatiques qui se courbaient jusqu'à terre.

– Regardez ! s'écria-t-il. Des saules pleureurs ! C'est ici !

En effet, Circé avait parlé d'un bois consacré à Perséphone, la terrible reine du Pays des Morts.

On amena les navires jusqu'à la côte. On fit débarquer les animaux destinés au sacrifice. Selon les indications de la magicienne, Ulysse se mit à creuser la terre avec un grand coutelas, frissonnant d'angoisse à l'idée qu'il allait ainsi à la rencontre des Morts. Autour de la fosse, il répandit du lait, du miel, du vin et de la farine, comme offrandes pour apaiser les dieux des Enfers, Perséphone et son époux Hadès. Ulysse se retourna : ses compagnons se tenaient loin de lui, immobiles, silencieux. Seul Eurylokos l'avait suivi pour maintenir les bêtes au-dessus de la fosse. Ulysse leur trancha la gorge. Le sang noir coula, arrachant leur vie, et se fraya un passage entre les pierres jusque dans les gouffres des Enfers. Alors Ulysse prononça trois fois la prière qui appelle les Morts :

– Âmes ! Remontez des Enfers, venez boire le sang qui vous redonnera une parcelle de vie !

Seul le sifflement du vent répondit. Puis dans la brume se dessinèrent des ombres bleutées qui flottaient plus qu'elles ne marchaient. À pas lents, elles s'avançaient vers la fosse où le sang se figeait. Leurs lèvres bougeaient, mais on n'entendait rien d'autre que les plaintes du vent. Les ombres devinrent bientôt si nombreuses qu'Ulysse sentit une sueur froide lui couler dans le dos. Quels horribles visages avait la mort! Vieillards à la bouche ouverte, soldats au crâne défoncé, esclaves squelettiques, bébés à peine nés et déjà bleuis...

– Arrière! s'écria Ulysse en levant son épée.

Dociles, les ombres reculèrent. Ulysse comprit qu'elles l'entendaient. Il réclama Tirésias. Les rangs s'ouvrirent et un vieillard apparut, les cheveux tombant sur les épaules. Ulysse écarta son épée et laissa l'ombre boire un peu de sang. Petit à petit, son visage changea de couleur. Il prit une forte inspiration et du rose monta jusqu'à ses joues, lui donnant la force de parler :

– Salut à toi, Ulysse. Puisque tu as eu le courage de venir jusqu'au Pays des Morts, je te dirai ce que tu désires. Parle!

– Ô Tirésias! Tu sais ce qui se cache dans les replis du Temps! Dis-moi si je rentrerai un jour à Ithaque.

Le devin regarda Ulysse et soupira :

– Tu affronteras les Sirènes maléfiques* et, si tu touches aux bœufs sacrés d'Hélios, tu connaîtras la colère de Zeus. Puis tu rentreras en triste état et ce que tu trouveras chez toi ne te réjouira pas.

Ulysse se tut un moment. Il ne manquait pas de courage, mais comme le chemin était long encore avant de revoir Pénélope et Télémaque !

– Pourquoi les dieux immortels me poursuivent-ils ainsi de leur rancune* ?

– Poséidon, le maître de la mer, venge son fils le Cyclope, que tu as aveuglé. Mais Athéna, la déesse au regard étincelant, te protège... Je ne peux t'en dire davantage, conclut le devin.

Déjà la rougeur commençait à s'effacer de ses joues et sa voix n'était plus qu'un murmure.

D'autres ombres se pressaient autour de la fosse, tâchant d'atteindre le sang, pour quelques minutes de vie. Ulysse écarta son épée car il venait de reconnaître Agamemnon, le roi de Mycènes.

– Comment ! lui dit-il. Tu es déjà descendu aux Enfers !

– Une chose horrible m'est arrivée ! J'étais à peine entré dans la cour du palais... Ma propre femme... Ha ! C'est affreux ! Ma propre femme m'a assassiné ! cria Agamemnon dans un sanglot.

Ulysse trembla des pieds à la tête. Il se rappela les paroles de Tirésias. Est-ce que le même destin l'attendait chez lui ? Non, il ne pouvait pas croire cela de Pénélope... Mais comment savoir ce qui se passait à Ithaque?

Soudain, il aperçut sa mère parmi les ombres. Aussitôt il lui prit la main et lui fit place autour de la fosse, les yeux pleins de larmes. Il l'aida à se relever quand elle eut bu le sang. Il aurait voulu la serrer dans ses bras, sentir son visage contre le sien. Mais son corps insaisissable lui passait à travers les doigts.

– Parle-moi de Pénélope, demanda Ulysse. Dis-moi ses pensées profondes, ne me cache rien!

– Elle n'a que toi dans son cœur et dirige le royaume en vraie reine. Télémaque désire plus que tout connaître son père.

Ulysse ne pouvait retenir ses larmes. Quel déchirement d'être si loin d'Ithaque!

Comme il avait abaissé son épée, tout occupé à parler avec sa mère, les ombres s'étaient jetées en masse sur le reste de sang. Des cris effrayants retentirent. Les ombres s'avancèrent vers Ulysse en grimaçant. La terreur le saisit. Il abandonna la fosse en courant, rejoignit ses compagnons, sauta dans son navire. La flotte s'élança à toutes voiles vers le monde des vivants.

Avec quelle ombre Ulysse a-t-il parlé en dernier ?

5

À Ithaque, la nourrice Euryclée parcourut le couloir aussi vite que le lui permettaient ses vieilles jambes.

– Maîtresse ! s'écria-t-elle en arrivant tout essoufflée devant Pénélope. Antinoos... Antinoos est dans la grande salle !

– Antinoos ? Un des seigneurs d'Ithaque ? Si Ulysse était là, il recevrait dignement un homme qui lui doit obéissance. Je dois agir de même.

Euryclée secoua la tête.

– C'est que... C'est qu'il n'est pas seul ! Tous les seigneurs d'Ithaque et des environs sont là... Et ils ont un air... un air...

Pénélope se leva brusquement, comprenant qu'un danger la menaçait. Elle descendit dans la grande salle du palais. Avant d'entrer, elle jeta un coup d'œil par la porte entrebâillée : une trentaine d'hommes étaient réunis, et ils parlaient haut, sur un ton d'autorité inhabituel. Pénélope sentit la peur l'envahir. Mais il fallait faire front. Elle entra.

Il y eut un silence. Antinoos fit un pas en avant :

– Noble Pénélope! Ton palais aux colonnes solides est bien entretenu malgré l'absence de notre roi Ulysse. Tes terres sont bien cultivées, tes bergeries sont remplies de brebis bien grasses, tes greniers et tes caves regorgent de provisions. Car tu es une femme pleine de sagesse.

Pénélope sentait un piège derrière les paroles respectueuses d'Antinoos.

– Mais de telles richesses pourraient attirer un ennemi... Et comment toi, une femme, pourrais-tu te défendre?

– Un ennemi? N'êtes-vous pas, vous les seigneurs d'Ithaque, prêts à défendre le bien d'Ulysse?

Antinoos fit l'étonné :

– Ulysse? Ulysse est-il encore de ce monde?

– Ulysse reviendra, affirma tranquillement Pénélope.

Il y eut des ricanements.

– Si Ulysse était vivant, il serait ici, répondit l'un.

– Ulysse est mort! cria un autre.

Pénélope tressaillit. Elle avait tant de fois étouffé la petite voix intérieure qui lui disait ces mots-là!

– Vous oubliez Télémaque, répondit-elle calmement. Il sera bientôt en âge de diriger lui-même le royaume!

Il y eut des remous dans l'assemblée.

– Un garçon de treize ou quatorze ans?

– Ce n'est qu'un enfant!

– Je ne crois pas qu'il pourra nous tenir tête, conclut Antinoos. Voici donc ce que nous proposons. Tous ici, nous prétendons à ta main. Choisis parmi nous un nouvel époux. Il deviendra le nouveau roi d'Ithaque.

– Et si je refuse? demanda Pénélope.

Antinoos eut un sourire désagréable.

– Nous, les prétendants, nous reviendrons tous les jours déjeuner et dîner dans ton palais, et nous nous servirons dans tes bergeries, tes caves et tes greniers, jusqu'à ce que tu te sois décidée...

Pénélope savait que personne ne la défendrait. Comment éviter le pillage de ses biens? Il fallait ruser, gagner du temps.

– C'est bien, déclara-t-elle. Revenez demain à la même heure, je vous donnerai ma réponse.

Un éclat de triomphe brilla dans les yeux d'Antinoos.

Après le départ des prétendants, ce fut la consternation* dans le palais. Euryclée ne pouvait retenir ses larmes. Télémaque serrait les poings.

– Si j'avais quelques années de plus!

– Aujourd'hui, se disait Pénélope, j'ai réussi à les chasser. Mais combien de temps aurai-je la force de tenir ?

Toute la nuit, elle se tourna et se retourna dans son lit sans trouver le sommeil. Comment contenir les prétendants ?

Au matin, elle avait trouvé.

– Hâte-toi ! dit-elle à Euryclée. Apporte dans la salle un grand cadre de bois, des fils de couleur, des navettes*. Que tout soit prêt pour cet après-midi.

Quand les prétendants se présentèrent au palais, ils trouvèrent Pénélope installée dans la grande salle devant son métier à tisser. Avec les fils les plus fins qu'elle avait pu trouver, elle avait commencé un voile au dessin compliqué.

Elle interrompit son ouvrage pour annoncer aux prétendants :

– Nobles seigneurs d'Ithaque ! Si Ulysse n'est plus de ce monde, il ne convient pas que je reste seule en ma demeure. Mais je tisserai d'abord ce voile afin d'honorer mon futur époux. Patientez donc jusqu'à ce que mon ouvrage soit terminé. Alors seulement je choisirai l'un d'entre vous...

Antinoos ne trouva rien à répondre. S'il voulait garder une chance d'être choisi, mieux valait obéir. Les prétendants quittèrent le palais.

Dès le lendemain, la sage Pénélope fit transporter le métier dans sa chambre, où personne n'avait accès, sauf la vieille Euryclée. De temps en temps, des prétendants venaient aux nouvelles. On descendait le métier. On expliquait que l'ouvrage était délicat. Un peu long, bien sûr, mais quelle finesse, quelle beauté ! Les prétendants repartaient. Pénélope reprenait son travail tout en songeant à Ulysse. Où était-il ? Quand reviendrait-il ?

6

Quand Ulysse eut quitté le Pays des Morts, il navigua prudemment. Il se souvenait des paroles de Tirésias :

– Tu affronteras les Sirènes maléfiques...

Mais comment se défendre contre un danger inconnu ? C'est alors qu'un éclair se produisit près de lui : Athéna venait d'apparaître.

– N'aie crainte, Ulysse, lui dit la déesse au regard étincelant. Écoute-moi : avec de la cire molle, bouche les oreilles de tes compagnons. Demande-leur de t'attacher au mât avec des nœuds bien serrés. Ainsi vous passerez tous sans dommage à côté des terribles sirènes.

Ulysse suivit les conseils d'Athéna. Eurylokos prit le commandement du navire. Pieds et poings liés, Ulysse écoutait de toutes ses oreilles. Il n'entendait rien d'autre que le bruit des rames frappant l'eau en cadence.

Soudain on distingua des rochers surmontés de silhouettes d'oiseaux d'une taille inhabituelle. En même temps, un chant à peine fredonné s'éleva. Ulysse écarquillait les yeux et ce qu'il vit l'étonna au-delà de toute expression : les oiseaux avaient un visage humain, un visage de femme! Les créatures, comme tirées d'un long sommeil, se mirent à chanter de plus en plus fort, avec une voix extraordinairement belle. Bientôt, elles chantèrent toutes ensemble, et leurs voix remplirent Ulysse d'une joie inconnue. Il était ému jusqu'au plus profond de lui-même. Il aurait voulu secouer les matelots qui lui tournaient le dos, se libérer et plonger au fond de la mer, dans un abîme de bonheur. Plus rien d'autre ne comptait. Il se mit à hurler :

– Détachez-moi! On n'a jamais rien entendu de plus beau! Détachez-moi! Je veux rester ici!

Il se débattait, tirant sur les cordages de toutes ses forces, tour à tour suppliant et menaçant ses matelots. Eurylokos s'en aperçut. Il vint resserrer les nœuds, sans se laisser émouvoir par Ulysse. Il renforça la cadence et le navire fila deux fois plus vite, échappant ainsi aux Sirènes.

Enfin, on détacha Ulysse. Il avait repris ses esprits, mais il tremblait encore quand il remercia Eurylokos :

– Sans toi, j'aurais plongé dans la mort.

Mais alors la mer entra en furie. Les navires furent happés* par un courant violent et ballottés

Qui est la vraie Sirène ?

en tous sens. Les poulies grinçaient. Les coques bondissaient sur la mer, craquant de toute leur charpente. Eurylokos, cramponné au gouvernail, criait des ordres. Les matelots tiraient sur les rames de toutes leurs forces. Mais le vent avait arraché mâts et cordages. Les bateaux ne répondaient plus.

Après trois jours de lutte épuisante, les équipages étaient à bout de force. Aussi, dès qu'une terre abordable fut en vue, on s'y dirigea avec l'espoir de se reposer. En effet, l'île était entourée de plages accueillantes, et des bœufs y broutaient tranquillement. Mais Ulysse s'écria :

– Aux Enfers, Tirésias le devin m'a mis en garde, répétait Ulysse. Ne nous arrêtons pas ici ! Ce sont les bœufs sacrés d'Hélios !

– N'es-tu pas épuisé, à la fin ? demanda Eurylokos. Ton corps est donc forgé dans le métal ! Mais nous, nous n'en pouvons plus !

Les matelots refusaient d'aller plus loin. Ulysse se résigna, mais avant de donner l'ordre d'accoster il ajouta :

– Jurez devant les dieux immortels que personne ne tuera un seul des bœufs aux cornes recourbées. Car terrible est le dieu qui les possède, Hélios, le soleil qui voit tout !

Tous prononcèrent le serment. À contrecœur, Ulysse laissa la flotte s'approcher du rivage. On jeta l'ancre.

Quelques jours plus tard, il fut évident qu'on ne pouvait pas reprendre la mer. Chacun était reposé, mais des vents violents empêchaient toute navigation. Un mois passa sans aucune amélioration. C'est alors que les vivres commencèrent à manquer. On se nourrissait d'oiseaux, de poissons, de coquillages, mais les ventres n'étaient pas rassasiés. Les matelots commençaient à regarder d'un autre œil les bœufs d'Hélios. Ulysse surveillait ses hommes, mais la faim fut la plus forte. Un jour, il trouva les bœufs abattus, grillant à la broche.

– Hélas! s'écria-t-il. Craignons la colère des dieux immortels!

Il n'y eut pas à attendre longtemps. Le temps changea, on reprit la mer et immédiatement, Zeus assembleur de nuages tonna avec violence, précipitant la foudre sur les navires. Un éclair de feu embrasa cordages et voiles, disloqua* les coques. Assourdi par le coup de tonnerre, le visage en partie brûlé, Ulysse se retrouva seul à cheval sur une pièce de bois, luttant contre le vent et les vagues. Pas un cri, pas un appel. Tous ses compagnons avaient disparu. Autour de lui, il ne voyait que des débris calcinés dansant au gré des vagues.

Pendant des jours, Ulysse dériva, brûlé par le soleil pendant la journée, et glacé par le froid de la nuit. Ses yeux lui faisaient mal, la soif craquelait ses lèvres, sa langue lui semblait énorme. Des pensées étranges lui traversaient l'esprit ; il croyait voir des nuages au fond de l'eau ; il ne savait plus s'il volait dans le ciel ou s'il flottait sur la mer. À la fin, il était si faible qu'il avait à peine la force de se retenir à la pièce de bois.

– Ô dieux! murmura-t-il, n'aurez-vous pas pitié de moi? Me laisserez-vous descendre chez Hadès sans me permettre de revoir mon épouse?

C'est alors qu'une terre apparut. Un courant porta Ulysse jusqu'au rivage. Il fit quelques pas et s'écroula, évanoui.

Avant même d'ouvrir les yeux, Ulysse se rendit compte qu'il n'était plus au bord de l'eau, mais dans une maison. Aucun bruit. Une odeur de cèdre embaumait la pièce. Il entrouvrit les yeux. Au-dessus de lui s'étalait une voûte taillée dans le rocher.

«Une grotte! pensa Ulysse. Qui a bien pu me recueillir?»

Ses lèvres avaient dû bouger en même temps car une femme apparut et dit :

– Il revient à la vie! Va vite prévenir notre maîtresse!

Ulysse entendit un bruit de pas précipité, puis ce fut le silence. Et brusquement, il vit une jeune femme se pencher sur lui : ses yeux étaient couleur de mer, ses cheveux étaient couleur de sable. Ulysse fut troublé par sa beauté.

Deux jours plus tard, il put se lever et faire quelques pas sur le seuil de la grotte. Une vigne courait sur le rocher. Des cyprès sombres tranchaient sur le ciel lumineux. Au loin s'étendait l'île, toute dorée par le soleil. Ulysse respira un grand coup. Il reprenait goût à la vie.

La maîtresse des lieux ne se montrait pas. Ulysse était intrigué. Il l'entendait chanter, ou bien tisser en bavardant avec ses servantes. Lorsqu'il s'approchait, les fils vibraient encore, mais il n'y avait plus personne devant le métier.

Quand il sentit revenir ses forces, Ulysse s'aventura jusqu'au bord de la mer. La côte découpée formait de petits bassins abrités où la roche rouge plongeait dans la mer transparente.

Soudain, Ulysse aperçut un tissu blanc posé sur un rocher. En contrebas, dans une crique* arrondie, une femme nageait. Dans l'eau turquoise où le soleil jetait des paillettes d'or, son corps glissait comme un oiseau qui plane. Ébloui, Ulysse resta caché dans les rochers. Quand la femme sortit de l'eau, il reconnut les cheveux couleur de sable, les yeux couleur de mer. C'était la maîtresse de l'île, et il ne connaissait même pas son nom.

Le lendemain, il y retourna. Les jours suivants aussi. Il regardait la nageuse en secret et la laissait repartir sans oser lui parler. Un soir, la jeune femme le fit appeler auprès d'elle.

– Installe-toi à mes pieds et conte-moi tes exploits depuis le jour où Troie fut détruite, lui dit-elle d'une voix douce.

Docilement, Ulysse s'assit et raconta. Il regardait les yeux couleur de mer, les cheveux couleur de sable. Quand la nuit fut tombée, la jeune femme interrompit le conteur :

– Demain, tu me raconteras la suite... À la crique...

Au moment où Ulysse la quittait, elle murmura :

– Pour ce soir, je te fais cadeau de mon nom : Calypso.

C'est ainsi qu'elle emprisonna Ulysse dans les filets de l'amour.

7

Dans sa chambre, Pénélope était assise devant son métier à tisser. Depuis bientôt quatre ans, elle tenait tête aux prétendants, tissant la toile le jour, la défaisant la nuit en secret. Les uns après les autres, les prétendants venaient aux nouvelles, s'impatientaient, mais n'osaient pas brusquer Pénélope : chacun espérait être choisi par elle pour régner sur Ithaque.

Mais ce jour-là, la navette ne courait plus dans les fils du métier. Pénélope fixait son ouvrage, les yeux brouillés de larmes : elle avait l'impression qu'Ulysse ne reviendrait jamais. À quoi bon s'obstiner? Pourquoi renvoyer les prétendants? La pensée de Télémaque lui redonna du courage : pour lui, cela valait la peine de lutter. C'était maintenant un adolescent bientôt en âge de diriger le royaume.

Soudain des éclats de voix parvinrent jusqu'à Pénélope. On se disputait au rez-de-chaussée. Le ton montait, les voix étaient de plus en plus nombreuses. Pénélope descendit. La pièce était envahie par les prétendants et sur leur visage se lisait la colère.

Aussitôt Antinoos attaqua :

– Vraiment, femme, tu es une rusée... Pendant presque quatre ans tu nous as trompés par de fausses promesses. Mais une servante a trahi le secret de la toile que tu défais la nuit...

Pénélope frémit. Comment tenir les prétendants en respect* s'ils avaient des alliés parmi les serviteurs ?

– Sache que tu n'auras rien gagné à l'affaire, reprit Antinoos avec une voix mauvaise. Voici notre décision : nous nous installons ici même. Chez toi. Nous viendrons tous les jours manger ton bien, égorger tes grasses brebis, vider tes caves et tes greniers. Et cela jusqu'à ce que tu aies choisi un mari parmi nous !

Les autres prétendants approuvaient bruyamment. Ils commandèrent aussitôt vin et nourriture aux servantes. Ni Pénélope ni Télémaque ne purent les empêcher de se faire servir. Tous les jours, le pillage recommença.

Une nuit, Athéna, la déesse au regard étincelant, apparut en rêve à Télémaque.

– Qu'attends-tu ? lui demanda-t-elle. Que les prétendants aient dévoré tout le bien de ton père ? Qu'ils aient obligé ta mère à se remarier ? Il est temps d'agir en homme ! Si tu ne peux affronter les prétendants, pars au moins à la recherche de ton père !

Télémaque se réveilla en sursaut. L'apparition glissa sous la porte comme un courant d'air et se fondit dans les ténèbres du palais.

Le lendemain, Télémaque prit à part la nourrice Euryclée et lui dit :

– Prépare des jarres* de vin, des outres de farine. Tiens tout cela prêt pour ce soir.

– Mon enfant, quelles paroles ont franchi la barrière de tes dents ? s'écria la nourrice. Tu ne vas pas partir ?

– Je ne peux demeurer plus longtemps à Ithaque, répondit Télémaque d'une voix sourde. Je pars chez Ménélas, à Sparte, chercher des nouvelles de mon père.

– Mon cher enfant, gémit Euryclée, quitte cette idée ! Ne va pas sur la mer dangereuse ! Ce serait pour ta mère et pour moi un immense chagrin !

Mais la décision de Télémaque était prise. Il tâcha de réconforter la vieille femme qui pleurait :

– Sache que c'est la déesse Athéna qui m'a inspiré ce projet. Elle me protégera. Mais surtout, promets-moi une chose…

– Laquelle ?

– Ne dis rien à ma mère avant que les vents ne m'aient poussé au loin sur la vaste mer.

Le lendemain, il quitta le palais en secret. Les rues se remplissaient d'ombres. Des chiens aboyaient dans le lointain. Télémaque rejoignit le port où ses compagnons l'attendaient. À la lueur de la lune, on dénoua les amarres. Le navire glissa silencieusement sur les eaux et gagna la haute mer.

Le soir, alors que les prétendants s'exerçaient à lancer des javelots dans la cour du palais, une rumeur monta du port :

– Télémaque est parti à la recherche de son père!

Furieux, Antinoos s'écria :

– Ce garçon prend trop d'assurance!

– Puissent les dieux engloutir son navire! grognèrent les autres prétendants.

– On pourrait s'arranger avec le destin, murmura Antinoos.

Alors ils complotèrent la mort de Télémaque : on placerait des guetteurs sur les îles avoisinantes ; on attaquerait de nuit ; on tuerait tout l'équipage et on coulerait le navire.

Peu après, Euryclée entrait dans la chambre de sa maîtresse : il était temps de lui révéler ce

Quelle nouvelle la nourrice annonce-t-elle à Pénélope ?

qu'elle savait. Tant pis si on l'accueillait avec des cris de colère. Mais quand elle apprit le départ de son fils, Pénélope resta sans voix. Elle sentit fléchir ses genoux et tomba assise sur son lit. Son cœur lui faisait mal, comme si un poids l'écrasait.

– C'est... C'est impossible, dit-elle dans un souffle. Les dieux... ne l'ont pas voulu!

Euryclée confirma la nouvelle.

– Mon enfant chéri! Parti sans un adieu! répétait Pénélope, incrédule.

– Courage! murmura Euryclée. Athéna en personne veille sur Télémaque.

Mais Pénélope resta assise sans répondre, la tête appuyée contre le montant de son lit : elle était anéantie*.

Pendant ce temps, Télémaque arrivait au palais de Ménélas où la richesse de la décoration l'étonna : les murs de la pièce étaient couverts d'objets en or et en argent.

– Ménélas! s'écria Télémaque à l'entrée du roi, ta demeure est semblable à celle d'un dieu!

– Il n'est pas bon pour l'homme d'être l'égal d'un dieu, répondit Ménélas. Mais ces richesses, je les ai gagnées par mon courage, après avoir longtemps souffert devant Troie, la cité battue des vents.

À ces mots, Télémaque sentit l'émotion le gagner. Peut-être Ménélas était-il le dernier à avoir vu Ulysse vivant ?

– Pourtant, je donnerais volontiers tout ce que tu vois là pour retrouver mon meilleur compagnon, Ulysse aux mille ruses ! s'écria Ménélas.

Télémaque soupira. Il y avait presque dix ans que Troie avait été détruite. Depuis, personne n'avait entendu parler d'Ulysse. Était-il donc mort ?

– Écoute encore, dit Ménélas en se penchant vers Télémaque. Dans mon palais, j'accueille des voyageurs et leur demande des nouvelles d'Ulysse. On m'a raconté bien des choses, mais voici la plus importante : sur l'ordre des dieux, Ulysse est prisonnier.

– Alors il est vivant ! s'exclama Télémaque. Mais où ? Où donc ?

– Sur une île lointaine...

– Qui le retient prisonnier ?

– Une nymphe*. Elle s'appelle Calypso.

8

Assis sur un rocher, Ulysse regardait la mer. Quelque part au-delà de l'horizon, il y avait Ithaque, avec son port, ses collines, et le palais où vivaient Pénélope et Télémaque. Le regard perdu au loin, Ulysse égrenait* machinalement des petits cailloux qui tombaient à ses pieds. Calypso ne le charmait plus depuis longtemps. S'il restait dans l'île, c'est que les dieux le retenaient prisonnier.

Sur le sentier qui dominait la côte, Calypso venait de s'arrêter. Un messager lui avait transmis les ordres de Zeus, et elle venait en informer Ulysse.

– Ne gémis plus sur ton sort ! s'écria-t-elle. Zeus te rend ta liberté. Tu peux aller où bon te semble...

Ulysse bondit sur ses pieds, le visage transformé par l'espoir. Alors, Calypso fit une dernière tentative pour le garder près d'elle :

– Si tu restais, murmura-t-elle de sa voix la plus tendre, je te ferais un cadeau magnifique... Un cadeau divin... Je te donnerais... l'immortalité !

Ulysse regarda Calypso avec stupeur.

– Ne jamais mourir ! s'exclama la déesse en fixant Ulysse de ses yeux profonds comme la mer.

« Et rester ici, éternellement prisonnier ! pensait Ulysse. »

Il secoua la tête. Calypso ne protesta pas : Ulysse était perdu pour elle, Pénélope était la plus forte.

En quelques jours, Ulysse construisit un radeau avec des troncs d'arbres et prit la mer. Sentir le vent sur son visage, le vent qui le portait vers Ithaque, quel bonheur ! La mer était belle, le radeau glissait comme une bête souple. Ulysse était si heureux qu'il naviguait jour et nuit, sans que le sommeil ne ferme ses paupières. Bientôt Ithaque serait en vue.

Le radeau survolait des gouffres marins. Dans les profondeurs de la mer, le dieu Poséidon leva la tête et aperçut le point sombre de la petite embarcation qui flottait au-dessus de lui.

– Comment ! rugit-il. Cet Ulysse qui aveugla mon fils le Cyclope, cet Ulysse s'approche d'Ithaque !

Dans un immense remous, Poséidon surgit des eaux et brandissant son trident*, il en frappa la mer avec fureur. Aussitôt une vague monta en voûte au-dessus du radeau et, dans un grondement de tonnerre, elle s'écroula en disloquant l'embarcation. Une fois de plus, Ulysse fut jeté à l'eau. Il coula, entraîné par une lame. Sous la surface, il se débattit, brassant les flots, les poumons prêts d'éclater, incapable d'éviter les débris qui s'entrechoquaient. Enfin il émergea, toussant, crachant l'eau salée, le corps couvert de bleus et d'égratignures. Il se hissa sur un tronc d'arbre et le courant le porta vers une côte. Il se croyait sauvé quand, aux dernières lueurs du jour, il entendit les vagues se fracasser contre les rochers, tandis que l'écume jaillissait avec force : il allait être déchiqueté !

– Athéna ! supplia-t-il, viens à mon secours sinon la mort noire va s'emparer de moi !

La déesse l'entendit. Elle le fit dériver jusqu'à une baie calme, à l'embouchure d'un fleuve. Titubant de fatigue, Ulysse remonta la berge, se traîna jusqu'à un gros arbre et se glissa entre les racines, dans un creux où les feuilles s'étaient amassées. Malgré le sel qui brûlait toutes les blessures de son corps, il s'y endormit aussitôt.

Athéna quitta Ulysse et se dirigea vers la plus proche cité. Elle entra dans le palais d'Alcinoos, le roi des Phéaciens. Aussi légère qu'un souffle de vent, elle pénétra dans la chambre où dormait Nausicaa, la fille du roi, et lui apparut en rêve.

– Nausicaa, demain, va au lavoir faire la lessive avec tes servantes.

Dès qu'elle se réveilla, Nausicaa alla trouver son père Alcinoos.

– Mon cher papa, lui dit-elle, veux-tu me prêter un chariot attelé de mules afin que je porte au lavoir nos vêtements de fête?

Le roi des Phéaciens regarda sa fille tendrement.

– Va, mon enfant, dit-il doucement, je ne te refuse rien.

Peu après, les sabots des mules sonnaient sur la route. Les jeunes filles arrivèrent à l'embouchure du fleuve. Elles déchargèrent le linge des paniers et frottèrent avec entrain toute la matinée. Puis elles étendirent la lessive sur les galets bien propres. Après leur déjeuner, Nausicaa proposa :

– Jouons pendant que nos vêtements sécheront comme de grands oiseaux blancs étendus au soleil!

Nausicaa lança la balle dans le cercle des jeunes filles. Elles sautaient et couraient en s'interpellant, riant de la maladresse des unes, applaudissant à l'habileté des autres. La balle allait de plus en plus loin. Soudain, elle disparut dans un buisson et les servantes parties à sa recherche revinrent en hurlant :

– Un sauvage! Un sauvage!

Elles s'éparpillèrent sur les berges avec de

grands cris. Seule Nausicaa était restée à sa place. Elle vit s'avancer un homme échevelé, sale, le corps couvert de blessures auxquelles du sel et des feuilles mortes étaient restés collés. Il était nu, comme un sauvage qui a longtemps vécu seul dans les bois, mais il tenait devant lui une branche fraîchement cueillie. Nausicaa restait sur ses gardes, prête à s'enfuir en cas de danger, mais l'homme s'arrêta assez loin d'elle et la salua de ces mots :

– Jeune fille, es-tu mortelle ou déesse ? Trois fois heureux ceux qui vivent avec toi car tu es belle comme une jeune pousse de palmier en plein désert.

– Étranger, répondit Nausicaa d'une voix qui tremblait un peu, tu ne sembles ni méchant ni fou. Cependant le destin t'a presque étouffé dans sa main puissante, car te voilà bien mal en point.

De loin, les servantes observaient la scène. Nausicaa se tenait immobile, face à face avec l'homme qui restait à distance respectueuse.

– Que puis-je pour toi ? demanda-t-elle.

– Dis-moi en quel pays je suis et qui en est le roi.

– Les habitants se nomment les Phéaciens, et mon père Alcinoos est le roi. Il connaît les lois de l'hospitalité et te fera bon accueil.

Alcinoos accueillit Ulysse et le garda jusqu'à ce qu'il soit rétabli. Tous les soirs, dans la grande salle à manger du palais, on écoutait les récits du naufragé. On admirait son courage, son intelligence, sa personnalité hors du commun. Nausicaa soupirait : elle enviait Pénélope d'avoir un tel mari.

Le jour du départ arriva. Alcinoos mit un bateau à la disposition d'Ulysse. Les matelots avaient pour mission de conduire leur passager à Ithaque et de revenir. Ils traversèrent la mer d'une traite*, pendant qu'Ulysse dormait. Ils le déposèrent encore endormi sur une plage, puis ils repartirent alors que le jour se levait à peine.

Peu après, Ulysse se réveilla. Étonné d'être sur la terre ferme, il se leva d'un bond et regarda autour de lui. Il ne reconnaissait rien. Ce n'était pas son île. Rocs, sentiers, arbres, rien n'était comme dans son souvenir.

– Où les Phéaciens m'ont-ils abandonné ? Reverrai-je Ithaque un jour ?

9

Le jour se levait à Ithaque. Dans la campagne, laboureurs et bergers commençaient leur travail. Eumée le porcher venait de nourrir les truies dans leur enclos. Il rentra dans sa cabane, accompagné de ses quatre grands chiens. Tandis qu'il ajustait sa sandale, les chiens le bousculèrent et se précipitèrent dehors en aboyant furieusement. Un vieux mendiant s'approchait, courbé sur son bâton.

– Paix ! Couché ! cria Eumée à ses chiens.

Le mendiant avait lâché son bâton. Eumée le ramassa et fit entrer le pauvre homme dans sa cabane car il avait pitié de lui : il était sali par la poussière des chemins, enlaidi par l'âge, mais ses yeux avaient un regard attachant.

– Entre, entre donc, dit Eumée en guidant le vieillard. Tu partageras mon repas.

– Ami ! demanda le mendiant, qui donc est ton maître ? Apparemment il est puissant et heureux, s'il a des serviteurs tels que toi !

– Hélas ! Tu viens de bien loin si tu ne connais pas le malheur d'Ithaque ! Ulysse, voici le nom de mon cher maître. Mais il est parti depuis si longtemps que je n'ai plus d'espoir de le voir de retour !

Eumée raconta tout : le départ du maître, l'attente, les nouvelles contradictoires* rapportées par les voyageurs, le chagrin de Pénélope, l'orgueil des prétendants.

– Cet Ulysse dont tu parles, n'avait-il pas un fils ? demanda le mendiant.

– Hélas ! Si ! Télémaque est son nom. Mais il est parti à la recherche de son père, ce qui fait le désespoir de Pénélope.

Toute la journée, le vieil homme aida Eumée dans son travail, tout en posant des questions, comme s'il voulait tout savoir de l'île : qui était resté fidèle à Ulysse, qui prenait soin de son royaume, qui, au contraire, gaspillait ses biens.

– Je viens de très loin, j'ai vu et entendu bien des choses. Sache, Eumée, qu'il n'est pas loin, le jour où Ulysse reviendra ! répéta-t-il plusieurs fois.

Mais le porcher ne voulait pas le croire. Il avait été si souvent déçu par les mensonges des gens de passage !

Le lendemain matin, les deux hommes se préparaient à déjeuner quand les chiens se mirent à frétiller de la queue. Soudain, une ombre se dressa dans l'embrasure de la porte. Brusquement,

Eumée se leva, se précipita vers la silhouette et lui embrassa les mains. Pendant quelques instants, il ne put prononcer un mot tant il était ému.

– Te voilà de retour, fils de mon maître, s'écria-t-il enfin. Lumière de mes yeux, Télémaque, tu as donc échappé au piège que les prétendants t'avaient préparé ! Que soient remerciés les dieux immortels !

– C'est Athéna qui m'a sauvé. Mon bateau, qu'elle avait rendu invisible, a glissé au milieu des ennemis sans être aperçu !

De son côté, le vieux mendiant s'était levé. Dans un recoin de la cabane, il se tenait immobile, le visage dans l'ombre, comme absent. Mais ses yeux dévoraient Télémaque. Comme il le trouvait grand et bien bâti ! Quelle vigueur dans ses muscles ! Il y avait encore un reste de timidité dans ses yeux, mais bientôt, il saurait parler en maître. Et comme il ressemblait à son père ! Avec pourtant dans le visage quelque chose de Pénélope...

– Cours au palais, disait Télémaque à Eumée, fais prévenir ma mère de mon retour. Surtout, veille à ce que personne d'autre que Pénélope n'entende la nouvelle !

Aussitôt le porcher quitta la cabane. Le vieillard sortit tandis que Télémaque, resté à l'intérieur, réfléchissait : de Sparte, il avait voulu se rendre sur l'île de Calypso, mais Athéna lui avait ordonné de rentrer à Ithaque. Et maintenant, que faire? Fallait-il attendre un autre signe des dieux? Télémaque s'avança sur le seuil de la cabane. Il jeta un regard distrait sur le mendiant et sursauta : le vieillard avait brusquement rajeuni! La silhouette n'était plus voûtée comme avant, le visage avait perdu ses rides!

– Es-tu un dieu, toi qui viens de changer d'allure? murmura Télémaque, impressionné.

– Non, je ne suis pas un dieu, répondit l'homme doucement. Mais Athéna vient de poser sur moi sa main puissante : elle m'a rendu ma véritable apparence.

Télémaque regardait de tous ses yeux, ému sans savoir pourquoi.

– Qui es-tu donc? souffla-t-il.

– N'as-tu pas compris, mon enfant? dit l'homme d'une voix qui tremblait d'émotion. Je suis ton père. Je suis Ulysse.

Télémaque hésitait, partagé entre le doute et la joie. Alors Athéna toucha son cœur et il fut persuadé. Bouleversé, il s'approcha du mendiant.

– Nous avons été séparés tant d'années! murmura Ulysse. Mais qu'il est doux de trouver chez soi un fils déjà grand!

Le père et le fils laissèrent couler leurs larmes.

– Allons, reprit Ulysse, voyons maintenant comment nous pourrons tendre un piège aux prétendants et les faire culbuter dans la mort. Dis-moi leur nom, et s'ils sont nombreux.

Télémaque renseigna son père et les deux hommes mirent au point un plan de bataille.

– Maintenant, rejoins Pénélope sans attendre, conclut Ulysse. Surtout, enferme bien dans ton cœur la nouvelle de mon retour. Que personne ne l'apprenne ! Eumée le porcher me conduira au palais sous les traits du mendiant que tu as vu tout à l'heure. Ensuite, tu sais ce que tu as à faire.

Le lendemain, Ulysse prit la direction du palais, accompagné par Eumée. En chemin, il reconnaissait là une source, ici un rocher, ailleurs un olivier. Bientôt, son cœur se mit à battre plus fort : il aperçut la toiture du palais et les cyprès de l'allée dressés comme des sentinelles. Presque vingt ans avaient passé depuis son départ. Mais le palais était encore plus beau que dans son souvenir, avec le soleil qui dorait les murs et les colonnes solides.

Eumée entra le premier dans la cour, suivi d'Ulysse. Un vieux chien sentit le vent, se leva

Qui reconnaît Ulysse quand il entre dans la cour ?

péniblement et s'approcha des nouveaux venus en agitant la queue. Il poussa un gémissement de joie en reconnaissant Ulysse, son maître. Mais l'émotion était si forte que l'animal tomba mort sur le sol.

– Argos ! Mon vieux chien fidèle ! murmura Ulysse, essuyant une larme.

Eumée conduisit le vieillard dans la grande salle où les prétendants étaient réunis pour dîner.

Selon les lois de l'hospitalité, Télémaque accueillit le mendiant vêtu de guenilles*, lui donna du pain et de la viande, et lui dit :

– Tu peux faire le tour de la salle : va mendier selon la coutume, et vois ce que tu peux obtenir de chacun.

Ulysse obéit, passant de l'un à l'autre, recueillant les dons, observant de près ses ennemis. Quand il arriva auprès de l'orgueilleux Antinoos, il fut reçu par des insultes :

– Quel démon a amené ici ce gueux* ? Va-t'en, misérable vermine !

D'un coup de pied rageur, il repoussa Ulysse et alla jusqu'à lui jeter un tabouret à la tête. Touché à l'épaule, Ulysse sentait la colère et la haine bouillonner en lui. Dans sa propre maison cet homme volait son bien et refusait d'en céder une petite part à un pauvre ! Il fit un effort pour se contenir : la vengeance s'accomplirait comme il l'avait préparée avec Télémaque.

L'histoire arriva jusqu'à Pénélope. L'insolence des prétendants la révoltait. Mais que faire ? Même Télémaque, présent dans la salle, n'avait pas pu venir en aide au malheureux ! Pénélope fit dire au mendiant d'attendre le départ des prétendants. Ensuite, elle irait l'interroger : il venait de loin ; peut-être aurait-il entendu parler d'Ulysse ?

En bas, le repas se terminait. Les prétendants rentraient chez eux, les uns après les autres. Il ne resta plus dans la grande salle que Télémaque et son père. Ulysse avait repéré les lieux ; il connaissait le visage de ses ennemis. Il ne restait que quelques dispositions à prendre, par exemple enlever toutes les armes qui décoraient les murs de la pièce, casques, boucliers, lances. Puis Télémaque alla se coucher.

Plus un bruit dans le palais. Les servantes avaient éteint toutes les torches. Dans la grande salle, un reste de feu éclairait les murs d'une lueur rouge. Ulysse, recroquevillé devant les braises comme un vieillard frileux, attendait Pénélope.

– Saurai-je te reconnaître, se demandait-il, toi que j'ai gardée si longtemps dans un pli de ma mémoire ?

10

Un léger grincement alerta Ulysse. La porte de la salle venait de s'ouvrir. Une silhouette sombre se découpa un instant sur le seuil, éclairée à contre-jour par la torche que portait la nourrice Euryclée. La pénombre effaçait les années. Ulysse reconnut tout de suite la façon de marcher de Pénélope, sa voix, ses gestes, comme vingt ans plus tôt. Comment avait-il pu vivre si longtemps loin d'elle? L'émotion d'Ulysse était si forte qu'il tremblait.

Euryclée installa la torche à côté de la cheminée et sortit. Pénélope s'assit en face d'Ulysse qui se fit plus voûté que jamais : il avait peur d'être reconnu. Il voulait d'abord rentrer en possession de ses biens au lieu de se présenter à sa femme en misérable mendiant.

Pénélope entama la conversation, posant des questions au vieillard : avait-il entendu parler d'Ulysse au cours de ses voyages? L'avait-on vu vivant? Chaque fois qu'elle laissait voir sa tristesse d'avoir perdu son mari, Ulysse sentait le bonheur d'être aimé. Il gagna si bien la confiance de Pénélope, qu'elle lui avoua la nouvelle ruse qu'elle avait imaginée pour repousser les prétendants :

– Je ferai dresser douze haches trouées dans cette salle. Puis j'imposerai une épreuve : tendre l'arc d'Ulysse et d'une seule flèche, traverser les douze haches. Je promettrai d'épouser le vainqueur. À moins d'être aidé par les dieux, aucun des prétendants n'a assez de force ni d'adresse pour réussir !

Ulysse approuva, admirant en lui-même l'habileté de Pénélope. Il se rendait compte que seule sa force de caractère lui avait conservé son royaume. Et l'épreuve de l'arc, au lieu de contrecarrer* sa vengeance, ne la rendrait que plus éclatante.

Pénélope quitta le vieillard et chargea Euryclée de veiller sur lui avant qu'il ne se couche. Comme pour un invité de marque, la vieille nourrice apporta un bassin, une éponge et un linge, afin de lui laver les pieds. Elle s'agenouilla devant Ulysse. Elle trempa l'éponge dans l'eau, saisit la jambe d'Ulysse et la laissa retomber avec un petit cri. Elle venait de reconnaître une cicatrice qu'il avait au mollet.

– Mon maître… bredouilla-t-elle. Est-ce possible ?

Ulysse se pencha vers elle et lui saisit le menton :

– Puisqu'un dieu t'a fait reconnaître la vérité,

ordonna-t-il à voix basse, garde le secret, afin que ma vengeance puisse s'accomplir!

– N'aie crainte, ô mon maître! promit Euryclée. Aucune parole ne franchira la barrière de mes dents!

Le lendemain matin, Ulysse se réveilla de bonne heure. Il sortit dans la cour et levant les yeux vers le ciel, il adressa une prière aux dieux immortels.

– Zeus, si tu approuves ma vengeance, envoie-moi un signe favorable!

Aussitôt un aigle traversa le ciel, tandis qu'un coup de tonnerre retentissait dans l'azur sans nuages.

Pendant ce temps, Pénélope rêvait d'Ulysse. Elle avait l'impression qu'il était dans le palais, tout près d'elle. Quand elle se réveilla, la pensée des prétendants lui revint à l'esprit. Elle se leva et se dirigea vers la pièce la plus secrète du palais. Là, derrière une porte à plusieurs verrous, se trouvaient les trésors du roi. Pénélope s'avança entre les coffres et, tendant la main, elle décrocha l'arc d'Ulysse. Tant de souvenirs lui revenaient!

L'arc dans les mains, elle s'assit sur un coffre, laissant couler ses larmes.

De leur côté, les servantes nettoyaient la grande salle, préparant le festin du soir pour les prétendants : on alla puiser de l'eau, on nettoya

À qui Pénélope impose-t-elle une épreuve ?

les tables, les coupes, on balaya, on posa sur les fauteuils des coussins confortables.

Le soir, Pénélope fit son entrée dans la grande salle, l'arc à la main.

– Hommes au cœur fier, dit-elle en s'adressant aux prétendants, voici l'épreuve qui doit décider de votre sort et du mien.

Tandis qu'elle parlait, Télémaque, avec l'aide du porcher Eumée, installait les douze haches. Ensuite, il prit la parole :

– Avant que tous les hommes ici présents ne fassent l'essai de l'arc, c'est moi, le fils d'Ulysse, qui tenterai de le tendre en premier. Si je réussis, ma mère restera seule maîtresse du palais et vous, vous partirez tous !

Il saisit l'arc et tira sur la corde. Trois fois, il tira de toutes ses forces. Il allait presque réussir lorsqu'un signe d'Ulysse l'arrêta. Il reposa l'arc, sous les moqueries des convives.

Antinoos, le plus fort des prétendants, espérait bien remporter la victoire. Mais il préférait assister à la défaite des autres avant d'intervenir.

– Allons ! Commençons à l'autre bout de la table ! s'écria-t-il.

Les uns après les autres, les prétendants se levaient, tiraient sur la corde, soufflaient, suaient et renonçaient. Chaque fois, Pénélope poussait un soupir de soulagement.

Une moitié des concurrents avait essayé l'arc lorsque Télémaque, comme convenu avec son père, intervint pour remettre la suite du concours au lendemain. Pénélope regagna aussitôt sa chambre. Les prétendants reprirent leur repas en commentant leurs essais malheureux.

Ulysse quitta discrètement la salle avec Eumée. Il se fit reconnaître de lui et ordonna :

– Va chercher des armes pour mon fils et pour toi. Ensuite, dis à Euryclée d'enfermer les femmes dans leurs appartements. Qu'elles ne descendent sous aucun prétexte. Après, tu me rejoindras et tu fermeras la porte de la grande salle en poussant les verrous afin que nul ne s'enfuie.

Ulysse retourna auprès de son fils. Peu après, Eumée rentra à son tour, tous les ordres d'Ulysse exécutés. Le piège se refermait sur les prétendants.

Alors on vit une chose étrange : le mendiant voûté leva une main suppliante, et s'adressa à l'assemblée :

– Me laisserez-vous essayer l'arc à mon tour? Je voudrais tenter ma chance...

Un immense éclat de rire accueillit ces paroles :

– Regardez donc cette loque humaine*! Ha! Ha!

– Il veut épouser Pénélope lui aussi ?

– Quel beau mari ! Ha ! Ha ! Ha !

– Dites plutôt que vous craignez la honte d'être vaincus ! cria Télémaque.

Antinoos s'adressa à Ulysse avec une voix méprisante :

– Soit ! Que ce miséreux se ridiculise !

Le mendiant prit l'arc, le tourna plusieurs fois dans ses mains, pinça légèrement la corde, comme s'il ne savait pas se servir d'une telle arme. Les prétendants se moquaient de lui, criant des insultes, riant haut et fort.

Mais brusquement, le mendiant se redressa de toute sa taille, et, sans effort apparent, il tendit la corde à fond. Du premier coup, sans dévier, sa flèche traversa les douze haches percées.

– Mes forces sont encore bonnes, je crois, dit tranquillement Ulysse en promenant son regard sur l'assemblée.

Sa voix résonna dans un silence de mort. Les convives avaient changé de couleur. Sans attendre, Ulysse saisit une deuxième flèche et avant de comprendre ce qui se passait, les prétendants virent Antinoos tomber à la renverse, la gorge transpercée. Le sang jaillit par les narines. Son pied donna une dernière ruade et s'immobilisa.

Les prétendants se mirent à hurler. Télémaque vint se placer en armes auprès de son père et la ressemblance apparut à tous avec une terrifiante évidence.

– Vous avez pillé mes biens, tourmenté ma femme, comploté la mort de mon fils ! Maintenant, vous allez payer pour ces crimes ! Car je suis de retour, moi, Ulysse, roi d'Ithaque !

Alors ce fut la panique. Les uns cherchaient des armes sur les murs, les autres essayaient d'ouvrir la porte, d'autres se cachaient derrière les meubles, d'autres encore se traînaient à terre en suppliant.

– Pitié ! C'est Antinoos le coupable !

– Nous te rendrons tout ce que nous avons mangé et bu chez toi !

– Nous te rendrons le double ! Le triple ! Tout ce que tu voudras !

Mais Ulysse était possédé d'une fureur guerrière. Les flèches volaient. Chacune atteignait son but. Les tables se renversaient, le sol se couvrait de rigoles de sang, les hurlements retentissaient dans tout le palais. Et soudain Athéna en personne apparut au milieu du combat, tout armée, immense. La terreur acheva d'anéantir les prétendants. Pas un ne survécut.

– Ô Zeus! Ô Athéna! Les voici enfin tous jetés pêle-mêle en travers de la salle, ces prétendants, comme des poissons sur la plage, quand les pêcheurs ont tiré leurs filets! s'écria Ulysse essoufflé.

Terrible à voir, il avait les mains, le visage et les jambes couverts de sang. Peu à peu la fureur guerrière l'abandonna. Sa respiration reprit un rythme normal. Sa vengeance était accomplie.

Enfin Ulysse ouvrit la porte et fit venir les servantes pour débarrasser et nettoyer la salle. Lui-même prit un bain et passa une tunique propre. Puis il demanda Euryclée et lui ordonna :

– Maintenant, va prévenir Pénélope. Dis-lui qu'Ulysse est de retour.

Euryclée, tout heureuse, alla annoncer la nouvelle à sa maîtresse. Pénélope descendit dans la salle, le cœur battant. Ce mendiant! Ce serait Ulysse! Elle ne pouvait y croire. Sans un mot, elle s'approcha de l'homme qui se prétendait son mari. Il n'avait plus rien d'un pauvre vieillard errant : il était grand, large d'épaules, comme Ulysse. Le temps avait modifié le visage, mais la forme de ce nez, ce pli au coin des lèvres, ce regard... Pénélope n'avait pas prononcé une parole, tant des sentiments contradictoires l'agitaient. Tantôt elle reconnaissait Ulysse, tantôt elle doutait. Il y avait des ressemblances trompeuses. Comment être sûre ?

Soudain, Télémaque n'y tint plus :

– Femme à l'âme fermée, pourquoi te tiens-tu à l'écart de mon père, sans le prendre dans tes bras ? N'as-tu aucune parole de bienvenue pour le mari qui rentre après tant d'années ?

– C'est un tel bouleversement dans mon cœur que j'en ai la gorge serrée, murmura Pénélope. Mais rassure-toi. Il existe entre Ulysse et moi des secrets qui me le feront reconnaître à coup sûr.

Ulysse intervint :

– Fais préparer pour moi un lit en dehors de ta chambre puisque tu doutes. Peut-être demain, au grand jour, reconnaîtras-tu mon visage !

Un instant, le souffle manqua à Pénélope. Le lit ! Le voilà le moyen de faire apparaître la vérité ! Il y avait là un secret que seuls Ulysse, Euryclée et elle-même connaissaient. Le cœur battant, Pénélope donna un ordre à la nourrice :

– Tire hors de ma chambre le lit qu'Ulysse avait fabriqué lui-même, dit-elle en tâchant de contenir le tremblement de sa voix. S'il est vraiment mon mari, il ne pourra pas se plaindre d'avoir été mal reçu.

– Comment ? s'écria Ulysse. Qu'est-ce que j'entends ? Personne ne peut déplacer le lit que j'ai construit, à moins qu'un dieu ne lui vienne en aide!

– Pourquoi donc? Parle! s'écria Pénélope soudain toute pâle.

– Lorsqu'il a fallu trouver un emplacement pour notre palais, j'ai choisi un lieu où poussait un olivier. C'était un très vieil arbre au tronc immense. J'ai bâti des murs tout autour, en sorte que l'olivier se trouvait au centre de la chambre. Quand le toit a été installé, j'ai sculpté le lit, à l'abri des regards, directement dans le tronc de l'arbre laissé sur pied. Si bien que personne ne peut déplacer ce lit sans déraciner l'arbre ou couper le tronc!

Avec un cri, Pénélope se jeta dans les bras d'Ulysse. Elle avait reconnu la vérité. Passant les bras autour de son cou, elle s'exclama :

– Ulysse! Ne te fâche pas contre moi! J'avais si peur d'être trompée par un imposteur*!

C'est ainsi que Pénélope retrouva son mari en même temps qu'Ithaque retrouvait son roi.

Mon mini dico

p. 11
un **tolet** :
Une pièce de bois mobile sur laquelle se fixe la rame.

p. 12
la **vigie** :
Le guetteur chargé de surveiller l'horizon, sur un bateau.

p. 12
aux **aguets** :
En alerte.

p. 12
un **prodige** :
Événement extraordinaire.

p. 15
une **outre** :
Récipient fait avec une peau d'animal cousue.

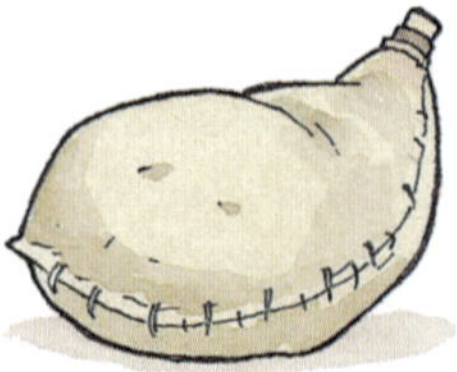

p. 17
difforme :
Qui n'a pas une forme normale.

p. 17
hirsute :
Hérissé, en désordre.

p. 18
amarrer :
Attacher un bateau à la côte.

p. 20
un **épieu** :
Gros et long bâton pointu.

p. 20
faire corps avec la roche :
Se plaquer contre la roche pour ne pas être vu.

p. 27
l'**enceinte** :
Muraille qui entoure et protège.

p. 27
des **gonds** :
Pièces de métal sur lesquelles la porte tourne pour s'ouvrir ou se fermer.

p. 29
la **cale** :
Partie située entre le pont et le fond du navire.

p. 34
un **intrus** :
Personne qui entre sans être invitée.

p. 35
des yeux **phosphorescents** :
Qui brillent dans l'obscurité.

p. 35
un regard **impénétrable** :
Il est impossible de deviner ce qu'il cache.

p. 35
soumis :
Qui obéit aux ordres.

p. 35
défier :
Provoquer, lancer un défi.

p. 37
relâcher son étreinte :
Arrêter de serrer avec les bras.

p. 41
maléfique :
Qui peut faire le mal.

p. 42
la **rancune** :
Les dieux en veulent à Ulysse.

p. 47
la **consternation** :
Profond découragement.

p. 48
une **navette** :
Sorte de bobine allongée qui sert à croiser les fils d'une étoffe.

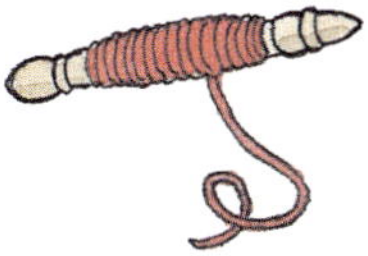

p. 51
happé :
Entraîné violemment.

p. 54
disloquer :
Séparer en morceaux, détruire.

p. 56
une **crique** :
Petite baie protégée des vagues.

p. 59
tenir en respect :
Empêcher d'agir.

p. 60
une **jarre** :
Vase en terre cuite.

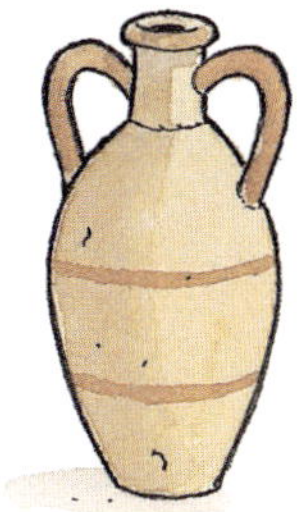

p. 63
anéanti :
Abattu, sans réaction.

p. 64
une **nymphe** :
Une jeune divinité féminine.

p. 65
égrener :
Faire passer entre ses doigts, comme des grains.

p. 66
un **trident** :
Grande fourche à trois dents.

p. 70
d'une traite :
En une seule fois, sans s'arrêter.

p. 72
contradictoires :
Des nouvelles différentes, opposées.

p. 77
des **guenilles** :
Vêtements déchirés et sales.

p. 77
un **gueux** :
Personne misérable et malhonnête.

p. 80
contrecarrer :
S'opposer, aller contre.

p. 84
une **loque humaine** :
Les prétendants comparent Ulysse à un vieux vêtement déchiré.

p. 89
un **imposteur** :
Personne qui prend le nom et le titre d'une autre.

Solutions

Tu es un super-lecteur si tu as trouvé ces 9 bonnes réponses aux questions des pages illustrées :

2, 6, 7, 11, 14, 18, 19, 24, 26.

Découvre d'autres héros de la mythologie !

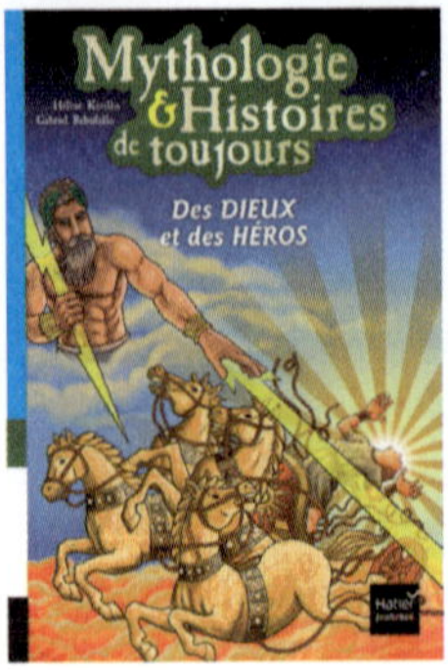